This book was awarded as part of the

2008
WE THE PEOPLE ON Created Equal
BOOKSHELF

Presented by the National Endowment for the Humanities (NEH)
in cooperation with the American Library Association (ALA).

www.neh.gov   www.ala.org

PINK y SAY

Patricia Polacco

Traducción de Alejandra López Varela

LECTORUM
PUBLICATIONS, INC.

En memoria de Pinkus Aylee

PINK Y SAY

Spanish translation copyright © 1997 by Lectorum Publications, Inc.
Originally published in English under the title
PINK AND SAY
Text and illustrations copyright © 1994 by Patricia Polacco

Published by special arrangement with Philomel Books, a division of Putnam & Grosset Group.

ISBN-13: 978-1-880507-30-8
ISBN-10: 1-880507-30-7

Printed in Singapore

10 9 8 7 6 5 4 3

Polacco, Patricia.
    [Pink and Say. Spanish]
    Pink y Say / Patricia Polacco; traducción de Alejandra López Varela.
        p. cm.
    Summary: Say Curtis describes his meeting with Pinkus Aylee, a black soldier, during the Civil War, and
their capture by Southern troops. Based on a true story about the author's great-great-grandfather.
    ISBN-13: 978-1-880507-30-8   ISBN-10: 1-880507-30-7 (alk. paper)
    1. United States—History—Civil War, 1861-1865—Juvenile fiction.
[1. United States—History—Civil War, 1861-1865—Fiction. 2. Friendship—Fiction. 3. Spanish language
materials.] I. López Varela, Alejandra. II. Title.
[PZ73.P536 1997]
[E]—dc21   97-2242
                                                               CIP
                                                               AC

Cuando Sheldon Russell Curtis le contó esta historia a su hija Rosa, ésta guardó todas y cada una de aquellas palabras en su corazón y volvió a relatar la historia en muchas ocasiones a lo largo de su vida.

Sheldon resultó herido en una sangrienta batalla y lo dejaron por muerto, bañado en sangre, en un prado fangoso de algún lugar de Georgia. Era tan sólo un chico de 15 años. Según recordaba, había permanecido abandonado por dos días, hasta que perdió el conocimiento debido a la fiebre. Fue entonces que un chico, que también se había separado de su regimiento, lo rescató.

Intentaré relatar esta historia, con sus propias palabras, lo más fielmente posible:

Vi cómo el sol se alzaba ante mí hasta el punto más alto del cielo. Estaba malherido. Llevaba casi un año luchando en esta guerra entre hombres. La guerra entre los estados. Era tan sólo un muchacho y lo único que deseaba era volver a casa.

Me ardía la pierna, inflamada a causa de una bala de plomo que había penetrado justo encima de la rodilla. Tenía sueño y de repente, todo se oscurecía. Luego volvía a despertarme. Deseaba regresar a nuestra granja en Ohio y, a veces, cuando caía en esos sueños extraños, me veía allí junto a mi madre, probando sus panecillos recién sacados del horno.

Entonces, oí una voz. Por un momento pensé que estaba delirando, pero luego sentí unas manos fuertes que me tocaban la frente y me echaban agua en la cara.

—Si te quedas aquí, chico, ten por seguro que morirás —me dijo la voz mientras me daba de beber un sorbo de su cantimplora—. ¿Dónde te hirieron? Porque si es en la barriga, tendré que dejarte aquí.

Nunca había visto tan cerca a un hombre como él. Su piel era de color caoba brillante. Vestía, al igual que yo, con los colores de la Unión. Tendría mi edad. Sus palabras me tranquilizaron y su presencia me confortó.

—Me hirieron en la pierna —le dije—. No parece que tenga gangrena.

—¿Puedes apoyarte en ella? —me preguntó mientras me ayudaba a levantarme—. Tenemos que movernos. Si nos quedamos aquí, los merodeadores que pasan en busca de los heridos nos encontrarán.

Lo último que recuerdo fue que me desplomé y caí en un hueco, cerca de unas rocas. Un intenso dolor en la pierna me aturdió. Empecé a verlo todo borroso. Luego, recuerdo que me cargó sobre sus hombros y oí que decía: "Ayúdame, Dios mío".

—Chico, estás casi peor que yo. Te ayudaré. No puedo dejarte aquí.

Recuerdo vagamente cómo las ramas me golpeaban la cara con fuerza y la boca se nos llenaba de tierra cuando nos tirábamos al suelo para que no nos vieran. Recuerdo que cruzamos riachuelos, subimos peñascos y nos arrastramos a tráves de campos secos. Lo que sí recuerdo claramente es que él me llevó cargado durante mucho tiempo por un largo y dificultoso camino.

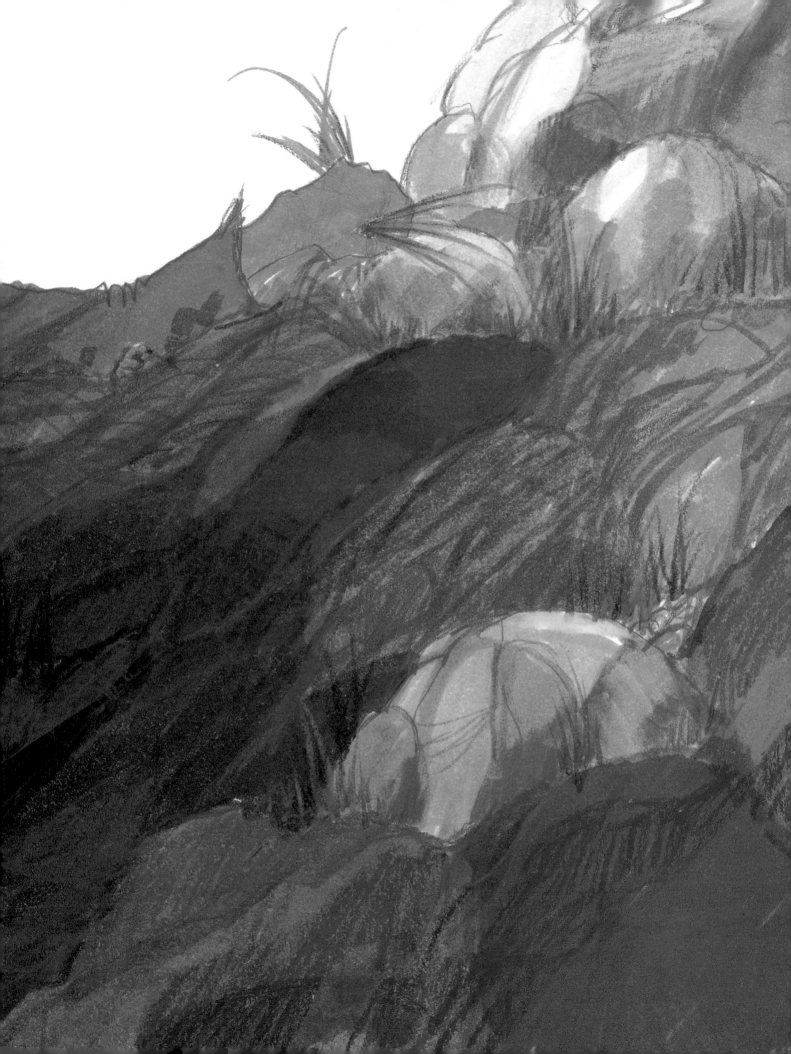

Luego, pensé que deliraba debido a la alta fiebre, porque sentí el frescor y dulce olor de un edredón cerca de la cara. Unas manos suaves y cálidas me acariciaban la frente con un paño húmedo.

—Mira que espléndida mañana —me dijo una voz de mujer, mientras me daba una cucharada de avena cocida con leche—. ¿Sabe tu madre el hijo tan guapo que tiene?

—¿Dónde estoy? ¿Estoy en el cielo? —pregunté.

Ella echó la cabeza hacia atrás y sonrió.

—No, hijo. Pinkus te trajo a nuestra casa, ¿no lo recuerdas?

"El chico de piel caoba", pensé.

—Los dos estuvieron huyendo durante muchos días, y un milagro del Dios Todopoderoso los trajo hasta aquí. Sí, un verdadero milagro.

Recuerdo que pensé: "¿Estaría la casa de este chico en medio de la batalla?". No me podía imaginar que la guerra fuera en su mismo patio. Miré a un lado y lo vi mirando a través de la ventana.

—Supongo que no te acuerdas de nada —dijo—. Soy Pinkus Aylee. Pertenezco al regimiento negro Cuarenta y ocho. Me separé de mi grupo y luego te encontré.

—Me llamo Sheldon. Sheldon Curtis —dije en un susurro.

—Ésta es mi madre, la dulce Moe Moe Bay —dijo Pinkus, mirándome con una sonrisa.

—Señor, Señor, nunca pensé que volvería a ver a mi hijo querido —dijo ella mientras lo abrazaba—. Cuando el amo y su familia se fueron, dejaron algunas cosas en la despensa y el resto me lo ha dado el bosque, así es como he podido sobrevivir. Hay un riachuelo de agua fresca, y todavía quedan algunos pollos y una vaca vieja que aún da leche.

—Entonces, ¿se quedó sola? —Pinkus le preguntó a su madre—. ¿Dónde están los demás?

—Tu padre se fue a la guerra hace un mes. Los trabajadores y sus hijos huyeron en busca de un lugar seguro. Pero yo me quedé. Rezaba al Señor todos los días y Él ha respondido a mis plegarias porque me ha devuelto a mi niño para siempre —dijo con una sonrisa—. ¿No volverás a irte, verdad, hijo? —dijo dulcemente.

Pinkus no contestó; parecía angustiado.

—Voy al riachuelo a lavar sus ropas —dijo ella, mientras se preparaba para irse—. Si oyen a los merodeadores, escóndanse en el sótano. Quédense allí hasta que ellos se vayan. Eso es lo que yo he hecho hasta ahora.

—¿Merodeadores por aquí? —preguntó Pinkus alarmado.

—Ellos ya han visto que aquí no hay lo que ellos buscan —dijo ella.

En cuanto se fue, Pinkus se acercó hasta mi cama.

—Sheldon, muchacho —susurró—, en cuanto te pongas bien tenemos que irnos de aquí. Si nos quedamos, ponemos en peligro la vida de Moe Moe Bay. Si regresan y descubren que ella ha estado ocultando soldados... —Su voz se desvaneció—. Tenemos que buscar a nuestros regimientos y unirnos a ellos.

—¿Hablas de volver a la guerra? —pregunté.

Debí ponerme muy pálido, ya que enseguida añadió:

—Es la única solución. Luego, me miró. Sheldon, ¿te sientes bien? Pareces preocupado —me dijo mientras me acomodaba en la cama.

—Puedes llamarme Say —dije—. Mi familia me llama Say, no Sheldon. Supongo que ahora tú eres mi familia.

—Casi, casi —dijo Pinkus, mientras me cubría los pies con una manta.

—Y tú puedes llamarme Pink —dijo él a su vez, con una sonrisa.

Durante toda la semana Moe Moe Bay nos alimentó muy bien. La leche sin hervir y el pan de maíz no me habían parecido tan sabrosos en toda mi vida. Era la primera vez en varios meses que mi comida no tenía gusanos. Ella se aseguró de que todos los días me levantara y caminara un poco.

—Así no se te agarrotará la pierna y no cojearás —decía.

Este lugar se parecía mucho a nuestra granja en Ohio. Quizás un poco más pobre, pero el olor era el mismo: a mesa de pino y buena comida, una mezcla de frijoles con carne de cerdo, pan de maíz, verduras y cebollas. Mientras dormíamos, ella se sentaba junto a nosotros, atizaba el fuego y nos velaba. Nunca pensé que volvería a sentirme lo suficientemente a salvo como para dormir profundamente.

—Mi madre y Kaylo, mi padre, se casaron en este mismo lugar —me dijo Pink la primera vez que salimos a caminar—. Allí estaba la casa del amo —señaló Pink. El amo Aylee.

Hablaba lentamente mientras me ayudaba.

—¿Cómo es que llevas su apellido? —pregunté.

—Cuando perteneces a otra persona, no tienes apellido propio. Incluso Kaylo lleva su apellido.

Un día, nos sentamos a la sombra de un sauce, y Pink me preguntó acerca de mi familia.

—Tengo un hermano que aún vive en casa y ayuda a mi padre a llevar la granja —le respondí.

—¿Cuál era tu regimiento? —me preguntó Pink. Ya me lo había preguntado antes.

—El Veinticuatro de Ohio. Yo llevaba las provisiones. Se suponía que no debía llevar armas, pero como murieron tantos, hasta los más jóvenes tuvimos que hacerlo después de aquella carnicería.

—Al menos les dieron armas. Al principio, en el Cuarenta y ocho no nos dieron armas. Peleamos con palos, martillos y mazos. Imagínate, no nos tenían confianza ni para luchar por nuestra causa.

No podía imaginarme algo así.

—Al final, nos dieron unos mosquetes que eran de la guerra México-americana. Unos mosquetes tan viejos que se atascaban y no disparaban.

—Entonces, por el amor de Dios, ¿por qué quieres ir a la guerra nuevamente? —le pregunté.

—Porque ésta es mi lucha, Say. ¿No es la tuya también? Si nosotros no luchamos, ¿quién lo hará?

No supe qué contestar. Que Dios me perdone, pero yo no quería volver a la guerra.

Después de unos días, empecé a caminar mejor, aunque todavía necesitaba ayuda. Pink me llevó caminando hasta la casa grande. En realidad no quedaba mucho de ella, estaba casi toda quemada.

—El amo Aylee tenía una biblioteca llena de libros —dijo—. Me enseñó a leer, aunque era contra la ley.

—Debió haber sido un buen hombre —dije.

—No lo creas, Say. A veces pienso que me enseñó porque le gustaba que le leyeran. Tenía un libro de poesía, así de grueso. Todas las noches tenía que leerle algo del libro.

—Yo bendecía esta casa por todos aquellos maravillosos libros... pero también la maldecía por todo lo que significaba.

Caminamos un poco más.

—Nacer esclavo es una desgracia, Say. Pero después de que Aylee me enseñó a leer, comprendí entonces que nunca nadie podría ser mi dueño, aunque fuese mi amo.

—Estás caliente, Pink —dije—. ¡Señor, creo que estás peor que yo! Déjame llevarte a casa.

—No te preocupes, me pondré bien. Sólo estoy un poco cansado, eso es todo. Estaré bien para la lucha.

Aquella noche, después de cenar, Moe Moe Bay se sentó a la mesa con una Biblia vieja y usada. Estaba tan feliz... Me dolía el corazón de pensar que pronto tendríamos que decirle que nos íbamos.

—El amo Aylee le enseñó cómo hablan los libros. Muéstrale, Pink —dijo ella.

Pink sacó los lentes del bolsillo, abrió la Biblia por los Salmos de David y comenzó a leer. Su voz era firme y segura. Sólo con escuchar sus palabras, podía ver las imágenes.

—Me gustaría saber leer —dije sin pensar.

Cuando Pink vio que me avergonzaba, me tomó la mano.

—Yo te enseñaré, Say. Uno de estos días, te enseñaré.

Sentí que me ruborizaba. Alcé la voz y anuncié:

—Yo hice algo importante.

—Por supuesto, hijo, por supuesto que sí —dijo Moe Moe Bay.

—Yo toqué la mano del señor Lincoln. Fue cerca de Washington. Acampamos allí antes de la batalla de *Bull Run*. El propio Presidente estaba dándole la mano a todo el mundo. Yo sólo tuve que extender la mía.

—¿Y la estrechó? —preguntó Pink.

—Sí —respondí.

—Eso es una señal, ¿no crees? —dijo él con una sonrisa.

—Toma mi mano, Pink. ¡Ahora puedes decir que tocaste la mano que estrechó la mano de Abraham Lincoln!

—Es casi como si se la hubieras dado tú —dijo Moe Moe Bay, maravillada.

Pink se pasó casi todo el día siguiente examinando un mapa viejo.

—Los merodeadores no suelen alejarse más de 30 millas de su campamento. Si llegan hasta aquí, eso quiere decir que sus campamentos no pueden estar muy lejos. Tenemos que llegar más al sur del río. ¿Ves esto, Say? Aquí es adonde se dirigían mis tropas. Podemos reunirnos con ellos más o menos por aquí.

—¿Reunirse con quién? ¿No piensan irse, verdad? —se oyó la voz de su madre que venía a nuestro encuentro.

—Mamá, usted sabe que no podemos quedarnos aquí —dijo Pink, mientras trataba de calmarla.

—¡No, mis niños. No, mis queridos niños! —gritaba. Durante largo rato fue imposible consolarla, luego se sentó y escuchó temerosa.

—Madre, esta guerra hay que ganarla o esta enfermedad que ha caído sobre nuestra tierra no desaparecerá jamás. Pink siempre se refería a la esclavitud como "la enfermedad".

—Tenemos que volver a la guerra. Se arrodilló a sus pies.

Por su mirada comprendimos que ella siempre supo que ese día llegaría.

Sentí que se me cortaba la respiración. Me ahogaba. Me sudaban las manos y el estómago me daba vueltas. Sabía que tenía que hablar con Pink, pero no sabía cómo.

Aquella noche no pude dormir.

—¿Qué te pasa, hijo? —me preguntó Moe Moe Bay desde su silla.

—No quiero ir a la guerra —contesté.

—Lo sé, hijo —me dijo—. Lo entiendo.

—No, no lo entiende. Huí. Me escapé de mi regimiento. Me hirieron cuando huía. —Lloraba con tanta fuerza que me dolían las costillas—. Soy un cobarde y un desertor.

Ella miró hacia el fuego y no dijo nada durante un largo rato. Luego, su voz calló mi llanto.

—No eres nada de eso. ¡Eres un niño, sólo un niño! Es normal que tengas miedo. ¡Todos lo tenemos!

—No soy valiente como Pink...¡soy un cobarde!

—Hijo, ser valiente no quiere decir que no tengas miedo, ¿no lo sabías?

—No quiero morir.

—Hay cosas peores que la muerte, hijo, no tienes nada que temer. Estás aquí, en mis brazos. Llegarás a viejo algún día. Cuando llegue tu hora, el Señor bondadoso enviará un colibrí para que se lleve tu alma al cielo. ¿No tienes miedo de los colibríes, verdad?

Me quedé dormido escuchando sus dulces palabras. Esa noche soñé con colibríes y con verdes pastos llenos de luz y flores silvestres.

A la mañana siguiente nos armamos de valor y decidimos que ya era hora de partir. Empacamos pan de maíz, frijoles y carne de cerdo. Yo hubiera hecho lo imposible por quedarme, pero mi lugar estaba al lado de Pink. Era lo menos que podía hacer por él.

Cuando estábamos echando un último vistazo para comprobar que no dejábamos ninguna huella que pudiera delatarnos, oímos unos gritos y alaridos que provenían del bosque.

—¡Merodeadores! —gritó Pink mientras cogía rápidamente un trozo de madera para defenderse.

Moe Moe Bay se lo arrebató.

—Rápido, bajen al sótano. No le harán nada a una vieja mujer de color. ¡Al sótano! ¿No me oyen?

No queríamos, pero ella nos empujó.

—¡Deprisa, antes de que lleguen! —Levantó la puerta del sótano y nos empujó dentro—. ¡No salgan hasta que yo se los diga!

Oímos el crujir de sus pasos por el porche al salir de la cabaña.

—Los está distrayendo —susurró Pink.

Cuando los merodeadores entraron a la casa, mi corazón latía con tanta fuerza que estaba seguro de que podían oír los latidos desde arriba. Hicieron un alboroto terrible buscando comida. Luego, se hizo el silencio. Un disparo resonó entre los árboles. Se oyó un grito de guerra y por fin se marcharon.

Esperamos la señal de Moe Moe Bay, pero ésta no llegó. Decidimos salir y vimos su cuerpo que yacía en el suelo, no muy lejos del porche.

—La pusimos en peligro al venir aquí —lloraba Pink mientras la mecía en sus brazos.

Los ojos de su madre estaban fijos en un lugar muy lejano antes de que él se los cerrara para siempre.

—Su hijo la quiere, Moe Moe Bay. Su hijo la quiere —sollozaba al tiempo que la besaba.

Los dos tomamos su mano en la nuestra hasta que el calor desapareció de ella.

Una vez que le dimos sepultura bajo el sauce, partimos. Pink observó el movimiento del sol y calculó que estábamos a unos tres días de camino de las tropas de la Unión.

Las palabras de Moe Moe Bay aún resonaban en mi corazón, y no podía dejar de pensar en lo que me había dicho sobre ser valiente. Mis pasos nunca habían sido tan firmes desde que comenzó la guerra. Caminamos por el campo abierto hasta la mañana del día siguiente. Fue entonces que nos dimos cuenta de que nos seguían.

Pink sacó sus lentes del bolsillo, me los dio y me dijo:

—Tómalos. Si me cogen con ellos, seguro que tendré problemas.

Cuando nos alcanzaron, uno de ellos me gritó:

—¿Dónde vas con ese muchacho de color, chico?

No me atrevía a contestar por miedo a que mi acento norteño nos delatara.

—Muchacho, ¿de qué regimiento eres? —gritó el comandante.

No pude responder.

—¿Eres de la Unión? —dijo burlándose, mientras me abría la mochila y sacaba el uniforme.

—No, no soy yanqui. Se lo quité a un soldado muerto—balbucée, intentando convencerles.

En ese momento nos agarraron. Mis palabras nos habían delatado.

Éramos prisioneros de los Confederados. Aquella noche nos encerraron en un granero. Pink tenía escalofríos y fiebre. Lo cuidé como él lo había hecho por mí antes.

A la mañana siguiente, nos arrojaron a un furgón de carga. Viajamos en tren por unos dos días, haciendo muchas paradas. Cuando la puerta del tren se abrió de par en par, la luz del día nos cegó. Nos montaron en una carreta y nos llevaron por todo el pueblo.

Los vecinos del pueblo nos miraban desdeñosos. Sólo tenían miradas de desprecio y odio hacia nosotros. Nos detuvimos de repente frente a las puertas que marcaban la entrada a una prisión.

—Dice *Andersonville* —me dijo Pink al oído.

Se me paralizó el corazón. Había oído hablar de este lugar. Era una de las peores prisiones de los Confederados.

Nos bajaron a empujones de la carreta.

—¡No, no! —supliqué mientras nos conducían adentro.

Pink se tambaleó y se cayó a causa de la fiebre. Lo arrastraron sin piedad. Sin embargo, no protestó hasta que trataron de separarnos.

Extendió su mano en un esfuerzo por alcanzar la mía y dijo:

—Say, déjame tocar, por última vez, la mano que estrechó la mano del señor Lincoln.

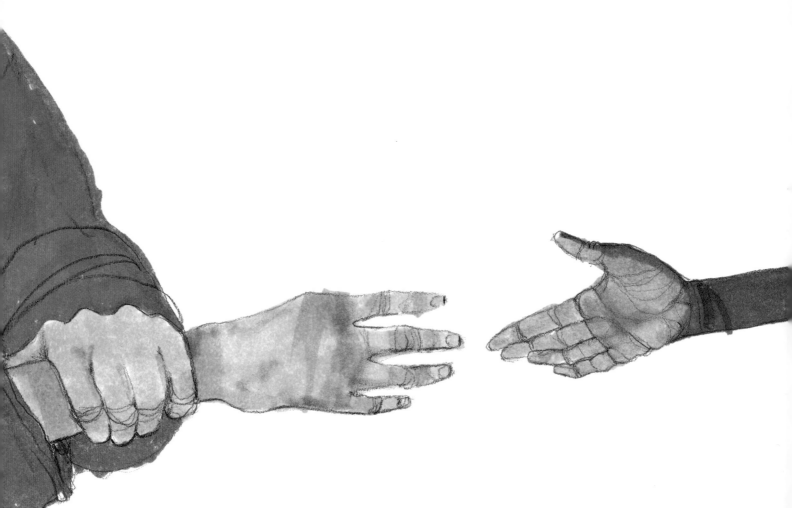

Vi que los ojos se le llenaban de lágrimas y aferré mi mano a la suya hasta que nos separaron a la fuerza. Lo golpearon y lo empujaron. Miró hacía atrás y trató de decirme algo, pero le ataron las manos a la espalda y se lo llevaron lejos de mí.

Sheldon Russell Curtis fue puesto en libertad de la prisión de Andersonville algunos meses más tarde. No pesaba más de setenta y ocho libras. La prisión de Andersonville, que fue construida para albergar a diez mil prisioneros, tenía más de treinta y tres mil soldados al finalizar la guerra. No había agua potable, ni comida, ni abrigo. Trece mil hombres, entre ellos muchos jóvenes, murieron de hambre y disentería.

Sheldon Curtis regresó a su hogar y se recuperó. Se estableció en la municipalidad de Berlin, en Saranac, Michigan. Se casó con Abagail N. Barnard y fue padre de siete hijos. Llegó a ser abuelo y bisabuelo. Murió muy anciano en el año 1924.

Pinkus Aylee nunca regresó a su casa. No tuvo esposa, ni hijos, ni nietos que lo recordasen. Se dice que lo ahorcaron horas después de entrar en la prisión de Andersonville. Su cuerpo fue arrojado a una fosa común.

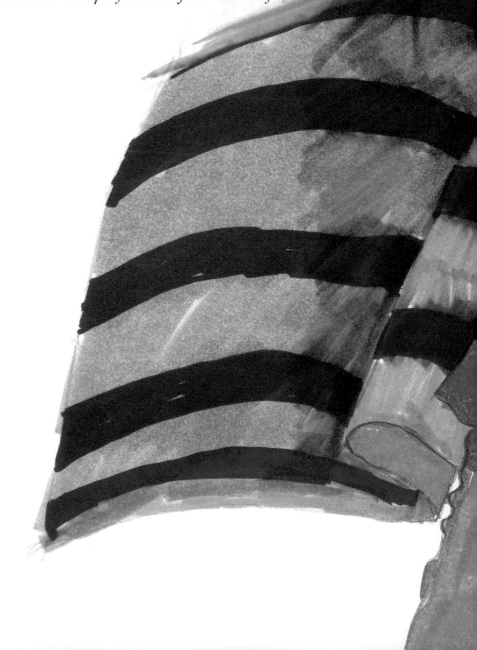

Sé que esta historia es verdadera porque Sheldon Russell Curtis
se la contó a su hija Rosa.

Rosa Curtis Stowell se la contó a su hija Estella.

Estella Stowell Barber, a su vez, se la contó a su hijo William.

Él me la contó a mí, Patricia, su hija.

Cuando mi padre terminó de contarme la historia, extendió su mano y
me dijo:

—Ésta es la mano que tocó la mano que a su vez tocó la mano que
estrechó la mano de Abraham Lincoln.

Este libro será como la memoria escrita de Pinkus Aylee, ya que no existe ningún descendiente suyo que pueda hacerlo por él.

Cuando leas esto, y antes de cerrar el libro, di su nombre en voz alta y promete recordarlo para siempre.